AF563026

La Terre du Feu

PAR

E. Irandocht PERVINE

PARIS
IMPRIMERIE GEORGES CADET
7, Rue Cadet, 7

1919

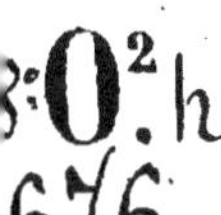

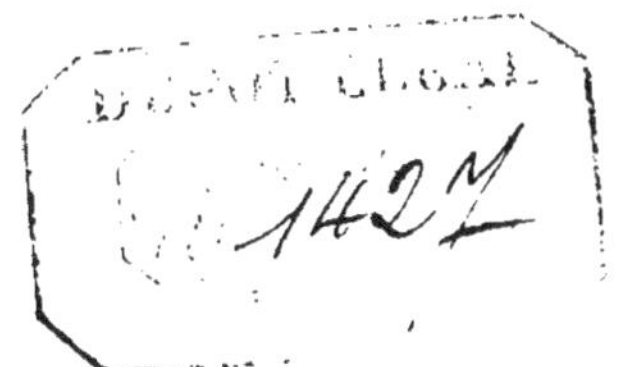

LA TERRE DU FEU

I

Les nobles paroles du président Wilson, qui se sont fait entendre au-dessus du tumulte de la guerre mondiale, ont retenti profondément dans la conscience humaine et ont fait tressaillir d'espérance les nations opprimées et les peuples malheureux.

On entendait, pour la première fois, parler d'autre chose que du règlement provisoire d'un conflit, règlement généralement fait par les forts aux dépens des faibles. Il était, pour la première fois, question de poser les bases d'une paix qui serait non pas l'équilibre des puissances mais l'accord des nations ; il était question aussi, pour la première fois, de considérer tous les peuples forts et faibles comme égaux, — car, jusqu'à présent, les saintes lois de l'égalité et de la liberté ont toujours été ignorées dans les sphères politiques.

Ces paroles, lourdes de conséquences, n'ont pas seulement pesé sur les destinées de la grande guerre et fait naître du chaos l'espoir d'un état de choses meilleur, elles ont, en même temps, été la solution de problèmes angoissants dont l'origine remonte bien plus loin que le déclanchement du terrible conflit qui vient de prendre fin et qui en ont été une des causes principales, plus décisive et plus fatale, sans doute, que les rivalités politiques et économiques qui l'ont déterminé aux yeux de l'observateur superficiel.

Aucune époque n'a été travaillée d'aspirations aussi ardentes et aussi diverses, de besoins aussi pressants que ceux de notre temps.

Suivant, sans doute, la pensée créée par le grand réveil de la Révolution française, un esprit de liberté et de justice soufflait de toutes parts.

D'un bout à l'autre de la terre, les nations s'éveillaient, prenaient conscience d'elles-mêmes, des espoirs de délivrance depuis longtemps endormis se ranimaient. Et, d'autre part, jamais l'impérialisme ne s'était montré plus agressif, plus dominateur : tout ce qui était sur le chemin d'une ambition en marche était absorbé, tout ce qui pouvait constituer un point d'appui à des visées d'expansion était marqué d'avance pour servir à ce but.

Aux appels des nations qui voulaient vivre, rien ne répondait que le bruit des armements toujours intensifiés.

Le mécontentement, la méfiance surchargaient l'atmosphère de cette paix armée.

L'humanité était arrivée à un de ces moments critiques où elle s'arrête à un tournant du chemin de l'histoire et attend, pour reconnaître la bonne voie à suivre, une inspiration, un signe d'en haut.

Les paroles du Grand Président, dont chacune est un esprit bienfaisant, sont venues la consoler dans sa détresse et lui montrer la route baignée de lumière par où elle doit rentrer dans une ère nouvelle.

II

Déjà la face du monde a changé : les trois empires les plus détestés se sont écroulés et les nations qu'ils avaient groupées par la violence des conquêtes et par les ruses des combinaisons politiques ont ainsi échappé à leur geôle. On ne sait au juste de quel côté est venu le coup décisif réduisant ces colosses en poussière. C'est la après près de cinquante ans de deuil.

L'Italie console enfin ses chères filles retrouvées, les *terre irredente*.

La Pologne a reçu le prix de son martyre séculaire, son unité et son indépendance lui ont été rendues.

La jeune république théco-slovaque peut se souvenir avec orgueil des vieilles gloires de la Bohême.

Les Yougo-Slaves ont vu se réaliser le plus cher de leurs rêves, ils ont été réunis à leur mère la Serbie.

La malheureuse Arménie a enfin entendu sonner l'heure de la délivrance.

D'autres encore ont pu recevoir le baiser de paix de leurs frères. Mais beaucoup de torts restent encore à redresser et nous espérons, pour la gloire de notre siècle devant les temps à venir, que tous ceux qui en appellent à la conscience universelle seront entendus.

Aux flammes de la guerre expirante, l'humanité a allumé le flambeau dont la lumière doit la guider sur son chemin difficile à travers un monde en reconstruction. Elle doit l'élever bien haut et faire tomber sa logique, inhérente à toutes choses humaines, qui les a condamnés, ils portaient en eux-mêmes le germe de leur destruction.

Les peuples auront désormais le droit de disposer d'eux-mêmes. Ce grand principe commence déjà à être appliqué. Bien que la guerre ait pu un moment raviver de vieilles haines, la solidarité humaine est le trait distinctif de notre temps, elle est aussi la clef de voûte de tout notre avenir social et politique. Les peuples qui attendent encore l'heure de la justice ont vu avec joie les réparations faites aux autres peuples : ils ont senti que ce n'était pas là des faits isolés mais les progrès d'une même et juste cause.

L'Alsace et la Lorraine ont été rendues à la France clarté de tous côtés pour que ne puisse subsister nulle part, à l'abri de l'ombre, un amas de la vieille poussière d'injustice.

III

La Perse est au nombre des nations qui se présentent au grand tribunal de la Conférence de la Paix pour demander que des territoires qui lui ont été arrachés et qui sont la chair de sa chair lui soient restitués.

Ce sont, avant tout, les Khanats de Bakou, Chirvan, Chemakha, Guandjé, Karabagh, Chaki, Talich, Erivan et Nakhitchevan qui, après une longue guerre et une douloureuse résistance, ont été annexés à la Russie par un de ces traités iniques qui faisaient passer les « peuples, comme une propriété, d'une souveraineté à l'autre, sans souci de leur sentiment ».

Aujourd'hui, la Russie est disloquée, le désordre qui règne sur les ruines de cet empire s'étend de toutes parts et les provinces du Caucase en souffrent cruellement.

Au lendemain même de la Révolution russe, les populations indigènes des Khanats avaient exprimé le vœu de retourner à la mère-patrie et avaient demandé à la Perse d'envoyer des troupes pour occuper leurs territoires.

Mais la Perse ne voulait alors rien entreprendre qui fût incompatible avec la neutralité qu'elle avait proclamée au début de la guerre et s'était, depuis, loyalement efforcée de maintenir au milieu des pires difficultés.

Cependant, elle comptait sur l'avenir et ne doutait pas que sa cause, appuyée sur des principes de justice immuable, dût, tôt ou tard, triompher.

Les Khanats, divisés par les Russes en trois gouvernements (Bakou, Erivan et Elisabethpol) ont, de tout temps, appartenu à la Perse. Nous ferons même observer, en passant, que le nom de la ville de Bakou dérive d'un mot persan, Bad Koubé, qui veut dire coup de vent, à cause des vents violents du Nord et du Nord-Ouest qui y règnent.

Aussi loin que la Perse peut retracer les origines de son existence politique et nationale, nous voyons ces contrées jouer un rôle dans son histoire. Au cours de son passé millénaire, ces provinces, ainsi que d'autres, lui ont été quelquefois et pour un temps, enlevées par les hasards des guerres et les empiètements des conquêtes, mais toutes les fois qu'elle a pu réaliser son unité et rétablir ses limites naturelles, ses territoires ont fait partie de la Perse.

On retrouve dans les Khanats des ruines et des souvenirs qui datent des différentes époques de la civilisation persane, à partir de la plus haute antiquité jusqu'à l'époque des Sassanides et jusqu'à celle, beaucoup plus récente, des Sefevis. D'ailleurs, il suffit de jeter un coup d'œil sur une carte pour voir que ces territoires font partie intégrante de la Perse et ne peuvent en être séparés sans la mutiler cruellement et la priver d'un rempart naturel contre les invasions.

Les populations de ces provinces sont, dans une écrasante majorité, d'origine iranienne, elles sont toujours restées persanes de sentiment et professent avec ferveur la religion chiite qui est celle de la Perse.

Tout observateur qui voyagerait entre le nord de la Perse et cette partie du Caucase s'apercevrait aisément qu'il n'y a aucune différence entre les populations persanes et celles des Khanats : c'est le même type, le même costume, ce sont les mêmes mœurs, on y voit cultiver les mêmes industries, on y entend parler les mêmes dialectes.

Il est certain que les différentes invasions qui, depuis les temps les plus reculés, se sont, à diverses reprises, abattues sur ces contrées, ainsi que les hasards des migrations de peuple qui s'y sont opérées pour diverses raisons au cours des siècles, y ont laissé des éléments hétérogènes de populations, mais chacun de ces groupes constitue une minorité et aucun d'eux ne peut contrebalancer l'élément persan.

Il est donc évident que si l'on pèse sûrement toutes ces considérations géographiques et ethnographiques, on arrive à la conclusion que le peuple persan a des droits imprescriptibles dans cette partie du bassin de la mer Caspienne.

C'est même là que tous les historiens s'accordent à placer le berceau de la civilisation iranienne et la patrie de Zoroastre. Les Khanats faisaient partie de la province d'Azerbaidjan, appelée par les anciens « Atropatêne », c'est-à-dire terre du feu. Ce nom est indissolublement uni au souvenir du Grand Prophète de l'Iran et du culte qu'il a fondé.

La terre de cette contrée est riche en sources de naphte qu'un travail facile peut faire jaillir à la surface du sol, et cette abondance même de matière inflammable suggéra l'idée des feux sacrés alimentés par la nature.

On retrouve encore dans ces provinces, et notamment aux environs de Bakou, ainsi que dans le Kurdistan supérieur, quelques-unes des tours du feu « Âtechgâh » qui furent les seuls temples des adeptes de Zoroastre.

Ces autels titanesques sont presque tous en ruines, mais à leur faîte brille encore la flamme perpétuelle et de petites communautés guèbres viennent se grouper autour de ce souvenir vivant de la gloire de nos pères qui, pour eux, est encore aujourd'hui l'emblême de la foi.

« Rien n'est plus impressionnant que ces constructions » — nous dit l'auteur de Media — « et bien peu de cultes peuvent en appeler davantage à notre imagination et à notre respect des choses sacrées que l'hommage rendu au plus pur des symboles dans le silence et la solitude des montagnes sauvages. »

IV

C'est donc dans cette province d'Azerbaidjan, dont la meilleure partie est aujourd'hui séparée de la Perse, qu'a pris naissance la belle religion de Zoroastre qui a incontestablement joué un grand rôle dans l'évolution générale de l'esprit humain.

Elle reposait sur le plus pur monothéisme et sur des théories élevées, et c'est elle qui a fait de la Perse, dans l'antiquité, le premier champion de la raison et de la lumière, la première manifestation de la claire pensée aryenne.

On en retrouve des traces dans presque toutes les grandes religions qui ont modifié les destinées humaines.

Car, si, d'une part, la Perse a subi, plus tard, l'influence de l'hellénisme, le monde gréco-romain a, d'autre part, beaucoup emprunté aux croyances et à la pensée de l'Iran et les a transmises ensuite, quoique transformées, aux générations qui se sont partagé son héritage.

C'est aussi par le canal de l'esprit persan que sont parvenus au monde islamique les éléments des civilisations antiques, c'est par le fait des richesses intellectuelles que lui apportait la Perse vaincue que l'Empire arabe a pu jouer un rôle si prépondérant dans l'histoire universelle et devenir, dans le sombre moyen âge, un centre de lumière et un facteur de progrès.

Quand, plusieurs siècles après l'invasion arabe, la Perse commença à reprendre conscience d'elle-même, elle connut l'âge d'or de sa première renaissance littéraire. D'abord, l'immortel Ferdousi prit le bâton du pèlerin et parcourut tout le pays du Caucase jusqu'au Golfe Persique et recueillit, au hasard des chemins, de la bouche des simples, les vieilles légendes de l'Iran. Il en composa son admirable épopée, le « Livre des Rois », qui est en même temps la reconstitution de la tradition nationale. Il avait trouvé la langue persane déchue au rang d'un dialecte populaire, il en forgea le superbe instrument littéraire auquel les poètes et les écrivains persans ont recours encore aujourd'hui.

Le chant de ce barde des vieilles gloires de la patrie fut le signal du réveil : chaque coin du pays vit naître un poète et les provinces du Caucase contribuèrent largement au trésor littéraire de leur pays.

Nous citerons, enre autres, Aboul-Ula et Nizami, de Guendjé (Elizabethpol), Khagani et Feleki, de Chirvan.

Nizami s'immortalisa en chantant la plus populaire des légendes persanes, les amours malheureux de Farhad et Shirin; ce poème romantique a inspiré une foule d'artistes persans.

V

Aucun pays n'a subi, aussi souvent que la Perse, les horreurs de l'invasion : ce sont presque toujours les hordes dévastatrices de Touran qui viennent la submerger et il lui a fallu une vitalité extraordinaire pour rallumer, après chaque désastre, la flamme de son existence nationale aux étincelles qu'elle retrouvait sous la poussière et la cendre. Après le renouveau dont nous avons donné un aperçu, nous voyons deux fois les rafales de l'invasion mongole s'abattre sur sa civilisation renaissante et elle eût subi, vers la fin du XVIe siècle, toutes les rigueurs de la conquête turque si un chef, d'origine essentiellement iranienne, ne s'était levé pour s'opposer aux visées de l'impérialisme ottoman, personnifié par le sombre et cruel sultan Sélim, et n'avait veillé sur l'intégrité de la Perse de nouveau menacée. Ce chef est Shah Ismail, fondateur de la dynastie Sefevi. Sous cette dynastie, qui fit beaucoup pour la gloire de la Perse moderne, nous voyons de nouveau les provinces du Caucase jouer un grand rôle.

Les Sefevis étaient originaires d'Ardebil — Azerbaidjan — et peut-être ces rois, amis du progrès, qui furent si populaires dans toute la Perse, le furent-ils tout particulièrement dans les contrées voisines du berceau de leur grandeur.

C'est Shah Ismail, le fondateur de la dynastie, qui donna à la religion de la Perse, le shiisme, sa forme définitive; l'évolution de cette croyance est intimement mêlée à l'existence politique, à la vie spirituelle du pays. Shah Ismail en fit pour ainsi dire l'emblême de l'unité nationale et il est certain qu'il contribua beaucoup à préserver son pays de l'envahissement brutal des Turcs en plaçant la cause de l'indépendance sous l'étendard de la foi, pour laquelle tout un peuple était prêt à mourir.

Le shiisme est encore aujourd'hui la religion nationale de la Perse et nous avons déjà dit qu'il est également professé dans les Khanats, et même les Tartares qui, d'après les Persans, forment l'élément le plus important de la population du Caucase, l'ont adopté, ce qui constitue un lien profond entre eux et les Persans.

Nous croyons utile de citer ici des chiffres à l'appui de tout ce que nous venons d'exposer dans ces pages.

Les Khanats ont un superficie totale de 42.777 milles carrés et une population totale de 3.271.000 habitants.

Même d'après des statistiques que nous considérons défavorables à notre cause, comme par exemple Baedeker (Russie, édition 1902, page 384), cette population se compose de 1.250.000 Tates d'origines purement iranienne et musulmans shiites parlant un dialecte persan, de 1.140.000 Tartares égalements mahométans shiites et le reste consiste en éléments hétérogènes : Arméniens, Géorgiens, Thétchènes, Circassiens, Lazes, Uzbeks, Avars, etc...

Et même, d'après Baedeker, la majorité écrasante dans la province de Bakou revient à l'élément iranien.

Il ressort de plus, d'une façon éclatante, que, sauf une infime minorité, toutes les populations de ces contrées professent l'Islam.

Les religions sont de grands facteurs dont il faut tenir compte, nul ne contribue davantage à pétrir l'âme collective des peuples.

VI

Il nous faut maintenant donner un résumé des guerres que l'impérialisme des tsars a imposées à la Perse au début du XIXe siècle et qui ont coûté à celle-ci les provinces du Caucase, qui sont la chair de sa chair et le sang de son sang.

Par la brèche qu'a ouverte l'annexion de ces territoires à la Russie, la Perse a, pendant tout un siècle, senti approcher l'invasion, non plus l'ouragan sous lequel, si souvent, elle avait gémi, mais l'envahissement lent et perfide, plus redoutable encore.

Aujourd'hui, le destin clément a détourné d'elle ce danger de mort, mais elle ne pourra guérir tout à fait de ses cruelles blessures que lorsque la partie vivante d'elle-même qui lui a été arrachée pourra rentrer dans son sein.

En 1800, à la suite d'événements qu'il serait trop long de retracer, la Russie s'empara, sans guerre, du royaume indépendant de Géorgie. Mais, tandis que le roi de ce pays, Georges, abandonnait lâchement ses droits en faveur du tsar, compromettant ainsi tout l'avenir de son peuple, son frère Alexandre, soutenu par une grande partie de la nation, tenta un dernier effort pour libérer sa patrie.

Il avait besoin d'un appui et il se tourna vers la Perse. Ce pays avait été, pendant tout le règne précédent, en guerre avec la Russie, et ces campagnes, presque toutes victorieuses, lui avaient cependant coûté très cher. Le souverain qui venait de prendre les rênes du pouvoir, Fath Ali Shah, était fermement décidé à suivre une politique pacifique; il n'offrit donc pas au prince géorgien le secours espéré.

Celui-ci, bien que livré à lui-même, provoqua un soulèvement. Le général russe Lazaroff fut envoyé contre ce mouvement et ses forces organisées eurent vite raison d'une poignée de héros.

Il ne se contenta pas d'écraser impitoyablement les derniers efforts des Géorgiens pour sauvegarder leur vieille indépendance, il attaqua aussi la ville persane de Guendjé : la fière et riante petite cité connut alors de quel poids pèse la botte de l'envahisseur, surtout quand celui-ci est un Russe et un officier du tsar : elle fut traitée sans merci.

Après ces événements, le royaume de Géorgie fut formellement annexé à la Russie et les frontières russes touchaient désormais aux frontières persanes.

Tout ceci constituait des provocations très graves pour la Perse. Fath Ali Shah répugnait cependant et malgré tout à s'écarter de la politique conciliante et pacifique qu'il avait adoptée comme ligne de conduite. Ce fut seulement lorsque le général russe Sisianoff eut marché sur Erivan en plein temps de paix que la guerre fut déclarée.

Le commandement général des armées persanes était confié au vaillant prince Abbas Mirza, héritier présomptif du trône.

La campagne qui débuta en 1804 fut d'abord heureuse pour l'armée persane. Erivan résistait toujours aux Russes et quand Fath Ali Shah se rendit lui-même, avec des renforts, sur le théâtre des opérations, le général Sisianof fut obligé de lever le siège de cette ville et de se retirer, poursuivi par la cavalerie légère persane.

Les Russes décidèrent alors de débarquer des troupes à Enzeli — port sur la mer Caspienne — et de marcher sur Recht, ville principale du Guilan.

Mais ils avaient compté sans l'opposition de la population : celle-ci, bien que de mœurs essentellement paisibles, était décidée à en arriver aux dernières extrémités du désespoir plutôt que de laisser avancer l'envahisseur.

Les Russes rencontrèrent donc des difficultés insurmontables et furent obligés de se replier sur Enzeli et de s'y réembarquer. Ils allèrent alors bombarder Bakou.

Pendant ce temps, Guendjé qui, au début de la campagne, avait été reprise par Abbas Mirza qu'elle avait accueilli comme un libérateur, s'était de nouveau vue assiégée par les forces russes et obligée de se rendre.

La campagne traîna encore avec des résultats incertains, les Russes furent repoussés avec de lourdes pertes devant Erivan, mais la bataille livrée à Aslandouz, sur l'Araxe, se termina par une défaite pour les vaillantes troupes d'Abbas Mirza.

Peu de temps après, les Russes prirent Lenkoran et, après ce désastre, on négocia la paix.

Elle fut signée le 12 octobre 1813, en vertu du traité de Gulistan dont les termes sont désastreux pour la Perse.

Elle devait se désintéresser de la Géorgie et céder Derbend, Bakou, Chaki, Guendjé et une partie de Taliche; elle s'engageait de même à ne plus avoir de marine de guerre sur la Caspienne.

Cependant, en Perse, ainsi que dans les provinces annexées par la violence, on considérait cette paix comme un arrangement provisoire et au fond de tous les cœurs veillait l'espoir de la revanche.

Dans les contrées prises par les Russes, qui y traitaient indignement les populations musulmanes, on attendait le moment de courir aux armes pour chasser l'étranger, on espérait toujours entendre les pas de l'armée persane de la délivrance. En Perse, on pensait avec douleur aux frères opprimés, un mouvement en faveur de la reprise des hostilités allait toujours croissant.

Cependant, Fath Ali Shah, qui s'était vu, pendant la même époque, obligé de faire la guerre à la Turque, désirait le maintien de la paix avec la Russie, et cette fois encore, ce furent les provocations de celle-ci qui rendirent la guerre inévitable.

Les termes du traité de Gulistan étaient si machiavéliques qu'ils rendaient les empiètements de la Russie possibles, même en temps de paix, et certains districts entre Erivan et Gokcha n'avaient pas été mentionnés. En 1825, les Russes occupèrent cette dernière localité. Alors, l'indignation fut à son comble en Perse et rien ne put plus arrêter le mouvement en faveur d'une guerre défensive. De toutes les provinces accoururent des volontaires pour se ranger sous l'étendard d'Abbas Mirza qui, prêt à tout pour l'honneur de la patrie, espérait cette fois mener ses soldats à la victoire.

Dans les provinces qui attendaient la délivrance, le Khan de Taliche se leva le premier et attaqua les Russes avec succès, les Persans marchèrent sur Lenkoran que sa garnison évacua sans aucune tentative de résistance. En un mois, Guendjé, Chirvan, Chaki, Taliche furent repris aux Russes et, de succès en succès, l'armée persane arriva aux portes de Tiflis. Mais les Russes y concentraient des forces considérables et une grande bataille fut livrée à Chamkar, près de Guendjé : les troupes russes eurent le dessus.

La bataille de Guendjé — 26 septembre 1826 — fut également désastreuse pour l'armée persane.

Le général Paskiévich mit alors le siège pour la troisième fois devant Erivan, mais pour la troisième fois la vaillante cité opposa une résistance désespérée à laquelle participa toute sa population.

D'autre part, Abbas Mirza n'avait pas perdu courage et il remporta, près d'Echmiazin, une importante victoire sur les forces du général Karkowsky.

Mais les Russes marchèrent alors sur Tauris et la ville, qui n'était pas préparée pour la résistance, fut prise.

Fath Ali Shah décida alors d'accepter la paix que la Russie allait lui dicter. Les termes du traité de Tourkmantchai, en vertu duquel elle fut conclue, ne peuvent être lus sans douleur par les Persans : ils comprennent l'abandon fait à la Russie des belles et riches provinces de Nakhitchevan et d'Erivan, toujours si loyales envers la Perse, et stipulent de plus une lourde indemnité de guerre. Ce traité contient encore des articles dont la fatale importance n'a été pleinement réalisée qu'une génération plus tard et qui devaient servir bientôt de point d'appui à la Russie dans la politique d'étouffement systématique et de pénétration brutale qu'elle a suivie tour à tour par égard à la Perse pendant le siècle qui s'est écoulé depuis ces événements néfastes.

VII

Les Khanats ont subi un triste sort sous la férule du gouvernement des tsars, il ont vu fouler au pied leur sentiment national, leurs croyances, tout ce qui leur était cher; depuis plus de cent ans qu'a duré la domination moscovite, le niveau moral et intellectuel des indigènes a beaucoup baissé parce qu'il leur était impossible d'avoir une école où on enseignât leur langue, où leur religion fut respectée.

Peu de temps après l'annexion, il y eut, malgré les obstacles les plus inimaginable, des émigrations en masse vers la Perse : une foule innombrable de malheureux préférèrent perdre tous leurs biens, abandonner pour toujours leur terre natale plutôt que de devenir Russes.

Voyons maintenant ce qui s'est passé à une époque plus récente, au temps de la Révolution russe de 1905. On sait que les différents éléments dont se composent les populations du Caucase se sont alors entre-massacrés. Ces troubles, qui causèrent la perte de tant de vie humaines, avaient été provoqués par les autorités russes qui, voyant le progrès du mouvement libéral et la fermentation des idées révolutionnaires s'étendre au Caucase comme ailleurs, voulurent, d'une part, créer une diversion, hélas! à quel prix, et d'autre part, avoir un prétexte pour sévir, pour faire peser plus lourdement leurs lois arbitraires et pour enfoncer plus profondément leur botte dans cette terre conquise qui ne voulait pas devenir russe. Le jeu leur avait été facile : parmi des populations qui ont longtemps vécu groupées en tribus, il subsiste toujours des inimitiés et des rivalités locales qu'il est très facile de raviver.

C'est pourquoi la même chose à peu près se produisit après la révolution russe de 1917, quand la surexcitation des esprits fut stimulée par les intrigues des Germano-Turcs qui voulaient profiter du bouleversement pour créer une foule de petits Etats qui eussent été autant de points d'appui pour leur poliique d'asservissement : il y eut alors de nouveau, au Caucase, des massacres terribles.

VIII

Maintenant que la Russie s'est écroulée et que la nécessité s'impose de remanier tout ce qui faisait partie de cet empire de proie, quel sort destine-t-on à ces malheureuses provinces?

Plusieurs des gouvernements qui se sont succédés depuis la Révolution russe ont déclaré eux-mêmes que les peuples devaient être libres de décider de leur sort et nous en avons dit assez pour faire voir, d'une manière éclatante, quelles sont les aspirations réelles des Khanats.

Les réunira-t-on quand même et malgré tout à l'ancien empire décomposé des tsars, avec lequel ils n'ont aucune affinité de race, de religion, de mœurs ni de langue, auquel seuls la violence et l'arbitraire les avaient enchaînés? Ce serait une injustice flagrante et une action indigne de notre siècle.

Il serait également inadmissible qu'on les rattachât à l'un des Etats actuellement en formation et qui ne pourrait avoir, avec l'immense majorité des indigènes des Khanats, aucun lien ethnographique, historique ni spirituel.

D'autre part, pour des raisons que nous avons déjà exposées plus haut, il serait très difficile de constituer ces provinces en Etat autonome: les différentes minorités de populations qui y existent et qui ont encore dans le sang de vieilles haines de race se heurteraient continuellement, ce qui entraverait l'évolution normale du pays et compromettrait d'avance n'importe quelle forme de gouvernement.

La seule solution à la fois logique et naturelle et conforme aux grands principes du Président Wilson est donc le retour des Khanats à la Perse, la seule grande patrie musulmane qui existe actuellement. Cette puissance s'est, de tout temps et de l'aveu de tous, montrée juste envers toutes les populations et tolérante envers toutes les croyances, et aujourd'hui qu'elle jouit d'un régime constitutionnel, tous les éléments ethniques et toutes les communautés sont représentés à la Chambre persane en proportion de leur importance numérique.

C'est donc sous le gouvernement persan que les divers petits groupes de nationalités qui habitent les Khanats à côté de la majorité iranienne verraient leurs droits et leurs intérêts le plus sûrement sauvegardés : ils seraient sûrs en même temps de pouvoir faire entendre leurs voix dans toutes les réclamations justes qu'ils auraient à faire et, vivant sous un régime libéral, jouissant d'une administration stable, ils verraient bientôt s'éteindre les animosités réciproques qui sont le triste héritage du passé et que toujours l'injustice et la tyrannie ont tenus en éveil.

IX

La Perse a subi pendant cette guerre les souffrances les plus cruelles et les plus imméritées. Nous nous abstiendrons de parler ici des torts que lui ont infligés les autres belligérants et nous dirons seulement que la soldatesque russe qui avait envahi son territoire malgré sa neutralité, y a causé des dégâts évalués à des milliards et le gouvernement russe n'est malheureusement pas en état de l'indemniser pour ces pertes considérables et souvent irréparables.

Cependant, ce n'est pas à titre de compensation que la Perse demande le retour des provinces qui lui ont été arrachées. Nous ne sommes plus au temps de semblable accommodements et « toute répartition de territoires résultant de cette guerre doit être faite dans l'intérêt des populations en cause et non en vue d'un arrangement ou d'un compromis entre deux Etats rivaux ».

C'est sur de tels principes, sanctifiés par l'auguste autorité du Président des Etats-Unis, que la Perse, en toute confiance, appuie sa cause et ses revendications.

Le retour à la Perse de ces territoires qui lui appartiennent d'après les témoignages de l'histoire et les dispositions mêmes de la nature, est un simple acte de justice : tant qu'ils seront séparés d'elle, elle verra toujours ses deux grandes provinces du Nord, l'Azerbaidjan et le Guilan, ouverte aux invasions destructrices.

Il serait juste également que nous fût rendue la province d'Askhabad — dans la Transcapienne — qui appartenait autrefois à la Perse, qui a une très grande population persane et qui est la prolongation de la province du Khorassan.

Ce serait un moyen de mettre fin aux incursions des féroces tribus touraniennes qui vivent sur ces confins et dont les raids, caractérisés par le pillage et le meurtre, ont pendant tout le dernier siècle infesté le nord-est de la Perse.

X

Les contrées de l'Asie occidentale qui s'étendent depuis le Taurus jusqu'au Caucase, depuis la mer Noire jusqu'à la mer Caspienne ont, depuis des siècles, été soumises à la violence et ont servi de jouet aux combinaisons de l'impérialisme et de l'ambition. C'est pourquoi elles ont été des foyers de troubles et de discorde ; les haines de race et toutes les calamités qui en découlent ont toujours été le fruit de l'oppression.

La grande devise de notre temps est le respect de toutes les nationalités et de toutes les aspirations légitimes, elle doit être appliquée à tous, car l'évangile d'espérance du Président Wilson est le bien commun de l'humanité et il serait monstrueux de mettre n'importe quel peuple en marge de la justice universelle.

Pour que toutes ces régions où ont flambé si longtemps les haines et les guerres puissent enfin connaître une paix durable et un repos réparateur, il faudra, tandis que les territoires où l'élément iranien est en majorité, seront rendus à la Perse que ceux où domine l'élément arménien soient réunis à l'Arménie et que toutes les populations géorgiennes fassent partie de la Géorgie recontituée.

Ces trois Etats, unis par les liens de l'amitié, évoluant sur les bases d'institutions libérales et rallumant, aux souvenirs de leurs malheurs, l'esprit de justice et l'amour de la liberté, constitueront une barrière infranchissable aux assauts possibles de l'anarchie ou de la barbarie, et seront les gardiens les plus sûrs et les plus fidèles de l'ordre et de la civilisation.

Et, sur cette terre où tant de larmes et tant de sang ont été versés, lèvera de la poussière même des générations opprimées, une riche moisson de fraternité et de progrès pour toutes les générations à venir.

Le Caire, mars 1919.

Imprimerie G. CADET
7, Rue Cadet, 7, Paris

www.ingramcontent.com/pod-product-compliance
Lightning Source LLC
LaVergne TN
LVHW010307230826
846091LV00007BB/2758

* 9 7 8 2 0 1 1 7 6 8 3 9 1 *